JOURNAL DE ROUEN

UNE FÊTE DU TRAVAIL

SOUVENIR DU DEMI-CENTENAIRE
DE
Mᵐᵉ BARAT

22 JANVIER 1882

JOURNAL DE ROUEN

UNE FÊTE DU TRAVAIL

SOUVENIR DU DEMI-CENTENAIRE
DE
Mme BARAT

22 JANVIER 1882

En août 1878, une invitation de M. et Mme Léon Brière réunissait le personnel du *Journal de Rouen* et de l'Imprimerie pour célébrer le cinquantième anniversaire de l'acquisition du *Journal de Rouen* par M. D. Brière. En janvier 1882, une invitation semblable conviait à une nouvelle fête de famille : les Rédacteurs, les Employés et les Ouvriers du *Journal de Rouen*.

Cette fois encore, il s'agissait de célébrer un demi-centenaire. Depuis cinquante ans révolus, Mme Louise Barat appartient au personnel de l'Imprimerie, donnant le plus bel exemple d'assiduité, de fidélité, de courage au travail. Cette réunion a eu lieu, comme la précédente, dans les salons du Château-Baubet.

M. Léon Brière, voulant que la fête revêtit un caractère professionnel, avait adressé des invitations au bureau de la Chambre syndicale des Imprimeurs, Libraires et Papetiers de la Ville de Rouen; des invitations avaient aussi été adressées aux doyens des Imprimeries les plus importantes de la Ville.

En entrant dans la salle du banquet, l'héroïne de la fête, Mme Barat, et Mme Léon Brière reçoivent de très beaux bouquets qui leur sont remis au nom du personnel de l'Imprimerie et du Journal.

Le repas commence ensuite, M. Léon Brière ayant à ses côtés Mme Louise Barat, Mme Léon Brière ayant auprès d'elle le Président et le Vice-Président de la Chambre syndicale des Imprimeurs Rouennais.

Au dessert, M. Léon Brière se lève et porte le toast suivant :

MESDAMES ET MESSIEURS,

Je vous propose de boire à la santé de la doyenne du personnel du *Journal de Rouen*, à cette digne et excellente femme, Mme Louise Barat, qui, pendant un demi-siècle, a personnifié dans nos ateliers l'ardeur au travail, la fidélité à la maison, le dévoûment à l'œuvre commune.

Pendant l'année 1878, nous avons déjà fêté un demi-centenaire, mais il s'agissait alors de ce que j'ai pu appeler les noces d'or du *Journal de Rouen* avec ma famille, aussi notre fête est-elle restée strictement intime. Cette fois-ci, je n'ai plus été tenu à la même réserve, et comme j'aurais été heureux de le faire l'année dernière pour le pauvre Maurice, si une mort presque foudroyante n'était pas venue nous l'enlever, ce n'est plus seulement entre nous, mais devant les représentants de la Typographie Rouennaise que je veux dire à Mme Louise Barat l'estime, la reconnaissance et l'affection que je lui porte, et qu'elle a si largement méritées.

Messieurs,

Le 1er novembre 1831, dans les ateliers alors bien modestes du *Journal de Rouen*, entrait une jeune fille de quatorze ans, à la figure intelligente et franche, ayant bon pied et bon œil.

Elle succédait, en qualité de factrice, à sa sœur morte prématurément.

Mon père n'avait pas eu à prendre de longs renseignements sur son compte, car, pour répondants, la gamine d'alors, notre doyenne d'aujourd'hui, avait toute sa famille occupée dans nos ateliers : sa mère, ses deux frères, ses deux oncles. A eux tous, ils formaient une véritable tribu, tribu considérée et aimée.

Le travail, bien qu'il se fît alors de jour, était rude : presque cinq heures de tournée. Notre fillette avait la main preste, les jambes alertes, la mémoire excellente ; dès ses débuts, elle se signala comme une de nos meilleures factrices.

Depuis cinquante ans, a-t-elle donc jamais démenti ses commencements ?

Que ce soit dans nos ateliers, où les journaux à mettre sous bande disparaissent comme par enchantement sous ses doigts ;

Que ce soit dans les rues, où, en pleine nuit, elle n'a que trop souvent à lutter contre le froid, le vent, la pluie, la neige, pour aller passer chaque journal sous la porte de ses abonnés, on la retrouve scrupuleuse de son travail, esclave de son devoir.

Tenez, c'est certainement à elle que pensait notre cher Beuzeville, lorsqu'à une autre de nos fêtes il nous disait : « Je ne sais pas, dans un Journal, de tâche qui ne soit importante et dont chacun ne puisse être fier. Si le Journal défend une grande cause, s'il glorifie une belle action, s'il dissipe de dangereuses erreurs, s'il encourage au bien ou s'il flétrit le mal, je dis que depuis le rédacteur, qui a obéi à sa conscience, jusqu'au porteur, qui va péniblement répandre la bonne nouvelle, il faut que chacun puisse dire en relevant la tête : « C'est notre Jour-» nal ! » comme on dit à l'armée : « C'est notre Drapeau ! »

Vous êtes-vous appesanti, Messieurs, sur ce travail incessant de cinquante années ; avez-vous eu la curiosité de mesurer l'interminable chemin que Mme Barat a parcouru pendant ce demi-siècle, de peser ces montagnes de journaux qu'elle a portés ?

J'en ai fait le calcul, et je vous demande la permission de vous le soumettre.

Après l'avoir entendu, n'allez pas crier à l'exagération ; j'ai diminué plutôt qu'augmenté les chiffres.

Eh bien ! notre chère Doyenne, du 1er novembre 1831 au 1er novembre 1881, en parcourant pour votre distribution matinale les seules rues de Rouen comprises dans votre tournée, vous n'avez pas fait moins de 36,500 lieues. Savez-vous bien que cela représente près de quatre fois le tour du monde ?

Si la baguette magique d'une fée vous permettait de rassembler aujourd'hui les 3,960,000 journaux que vous avez distribués, que de bizarres fantaisies ne pourriez-vous pas réaliser avec eux !

Voudriez-vous affréter un de ces caboteurs qui fréquentent le port de Rouen ? Vous n'auriez pas moins de 127,000 kilos de papier pour en constituer le complet chargement.

La passion des voyages vous prendrait-elle ? Vous n'auriez qu'à étendre les journaux bout à bout sur le sol pour faire deux fois le trajet de Paris à Marseille sans jamais quitter un long tapis de 65 centimètres de largeur.

Voudriez-vous rendre service à notre municipalité et l'aider à dissimuler la boue qui séjourne parfois trop longtemps à Rouen ? Ce serait un jeu pour vous de couvrir sous un blanc linceul toutes les rues, toutes les places, tous les quais, toutes les impasses, toutes les ruelles de notre ville. Nulle part on ne verrait le sol, et vous auriez encore en réserve la quantité nécessaire pour renouveler le tiers de cette tapisserie d'un nouveau genre.

Enfin, la vanité vous venant sur le tard, à vous qui avez été toujours si modeste, voudriez-vous lutter contre les Pharaons et éclipser les pyramides d'Égypte ? Il vous suffirait de placer l'un sur l'autre vos 3,960,000 journaux pliés en quatre, tels que vous les recevez chaque matin du chef du factage pour élever une colonne de 9,900 mètres, c'est-à-dire une colonne ayant 67 fois la hauteur de la flèche de la Cathédrale de Rouen.

Les statistiques sont bien souvent ennuyeuses... Vos rires me prouvent que celle que je viens de mettre sous vos yeux ne vous a pas paru telle.

Elle nous aura permis de constater l'énorme labeur accompli par notre chère Doyenne.

Avant de terminer, permettez-moi, mes chers collaborateurs, de remercier les membres de la Chambre syndicale des imprimeurs, libraires et papetiers de Rouen, et les doyens des principales Imprimeries de la ville d'avoir bien voulu répondre à notre appel.

Grâce à votre présence, Messieurs, il n'y a plus seulement ici un atelier qui fête une ouvrière, c'est la typographie rouennaise tout entière qui s'unit pour rendre honneur au Travail.

Aussi, en buvant à la santé de Mme BARAT, la doyenne du personnel du *Journal de Rouen*, je vous demande de boire en même temps à ceux-là qu'elle personnifie si bien : AUX BONS OUVRIERS !

Ma chère Madame BARAT,

Il n'est pas de fête digne de ce nom qui ne doive être rappelée par un souvenir.

Le 1er janvier je vous ai donné mon cadeau à l'occasion de votre demi-centenaire, aujourd'hui Mme Léon Brière vous prie d'accepter le sien.

Recevez-le comme le gage de l'affection que vous avez su lui inspirer par votre constant dévoûment et votre inébranlable attachement à ma famille.

Ce toast est interrompu par de nombreux bravos et est salué à sa péroraison par des applaudissements unanimes. La statistique pittoresque du travail accompli par Mme Barat provoque des explosions de rires.

Les applaudissements redoublent au moment où Mme Léon Brière remet à Mme Barat son souvenir personnel, qui porte l'inscription suivante :

A Mme LOUISE BARAT

TÉMOIGNAGE DE RECONNAISSANCE

POUR CINQUANTE ANNÉES DE TRAVAIL ET DE DÉVOUEMENT

PASSÉES AU JOURNAL DE ROUEN

1er Novembre 1831 — 1er Novembre 1881

Mme Louise Barat, en proie à une émotion qui gagne tous les assistants, prononce la touchante allocution que voici :

Monsieur Léon Brière,

Après les paroles obligeantes que vous venez de m'adresser pour louer mon exactitude au travail, louanges qui sont bien exagérées, permettez à une ouvrière qui a peu d'éloquence de vous répondre par quelques mots de remercîments, pour vous démontrer combien ma tâche a été facile :

Placée sous les ordres de votre honoré père dans ma première jeunesse, j'ai vécu auprès de lui dans une entière liberté et insouciante de l'avenir. Un jour, me réveillant avec les cheveux blancs, je vous ai vu arriver pour supporter le fardeau des affaires avec votre bien-aimé père. Oh ! alors tout espoir nous a été donné ! nous n'avions plus rien à craindre pour notre avenir, car nous vous connaissions bon et généreux ; puis la nouvelle de votre mariage a été un gage de sécurité pour nous, car je pensais bien qu'un cœur comme le vôtre ne pouvait s'allier qu'à une compagne digne de lui, et j'ai été heureuse de voir que mes vœux ont été exaucés.

Je pourrais poursuivre plus loin, mais mon manque d'instruction et d'éloquence me prive de répondre en disant tout ce que je ressens en mon cœur et je termine en m'écriant :

Vivent M. Léon Brière et sa Compagne respectée, que j'aime de tout mon cœur !

C'est ensuite le tour de M. Beuzeville, Rédacteur en chef du *Journal de Rouen*.

M. Beuzeville, d'une voix ferme et claire, prononce les paroles suivantes, qu'accueillent de nombreuses et chaleureuses marques d'approbation :

MESDAMES, MESSIEURS,

Je porte la santé de M. Léon Brière, imprimeur, propriétaire et directeur du *Journal de Rouen*.

A M. Léon Brière qui, par cette manifestation si flatteuse pour Mme Louise Barat, glorifie le travail modeste et persévérant, le labeur sans relâche, accompli par Mme Barat de jour et de nuit pendant cinquante ans de sa vie.

En honorant Mme Louise Barat, M. Léon Brière honore le travailleur qui remplit sa tâche avec conscience et dévoûment.

On sait combien sont importants pour les œuvres les meilleures et les plus utiles les services rendus à chaque instant par des coopérateurs, presque ignorés, qui donnent leur concours avec zèle, avec activité. M. Léon Brière le sait, il témoigne aujourd'hui à quel point il l'apprécie.

Cette fois encore, M. Léon Brière a suivi dignement et généreusement les traditions qui nous font si précieux et si sincère le souvenir de M. Brière père.

En ce moment, l'esprit de M. Brière plane sur ce banquet, je crois voir près du père de M. Léon Brière les hommes que Mme Louise Barat aime à rappeler fréquemment dans les causeries de l'atelier : MM. Visinet, Cazavan, Degouve-Denuncques, Amédée Méreaux. D'accord avec le souvenir de ces écrivains distingués, c'est du fond du cœur que je porte, je le répète, et avec vous tous, la santé de M. Léon Brière.

M. Léon Brière répond :

Je vous remercie, mon cher Beuzeville, de vos paroles trop aimables ; permettez-moi de porter à mon tour une autre santé.

Tout à l'heure, en buvant aux bons Ouvriers, nous avons bu, je l'espère, à tout le Personnel de nos ateliers ; mais je ne puis dans une fête semblable oublier nos Collaborateurs de la Rédaction, qui nous donnent un concours si précieux, et ceux de l'Administration qui se montrent si zélés; je réunis donc dans un même toast ceux qui sont réunis dans mon estime, et je bois *au Personnel du Journal de Rouen.*

La parole est donnée ensuite à M. Potel, prote de l'Imprimerie, qui prononce, au nom du Personnel des ateliers, le discours qu'on va lire :

MONSIEUR BRIÈRE, MADAME BRIÈRE,

Je suis heureux de pouvoir, au nom de tous les membres composant le personnel de votre maison, vous remercier du plus profond de mon cœur de votre invitation à la fête que vous avez bien voulu offrir à l'occasion du cinquantième anniversaire de l'entrée de Mme Louise Barat dans les ateliers du *Journal de Rouen.*

Plus favorisée que notre regretté doyen, Maurice, que la mort est venue frapper à son poste du travail, Mme L. Barat a vu sans fléchir les années s'accumuler sur sa tête; et ainsi que vient de le dire M. Brière, toujours au travail, toujours même entrain, toujours même exactitude.

Dans ces temps de dévorante activité, où tout passe, où tout s'écroule comme emporté par un tourbillon électrique, c'est plaisir de saluer au passage ces têtes blanchies par le travail et les soucis, apanage de la vie, mais qui semblent, par leur verdeur, nous rappeler une époque moins tourmentée et déjà bien éloignée.

Aussi je lui adresse, en mon nom et au nom de tous ses camarades, les félicitations les plus sincères d'avoir été choisie par le sort pour, la première, être l'héroïne de ces fêtes intimes que M. Brière a bien voulu instituer en l'honneur du travail persévérant.

Noble inspiration d'un cœur vraiment généreux, qui nous confondant tous dans une même estime, une même affection, ne voit dans tous ceux qui coopèrent à son œuvre de chaque jour que les membres d'une même famille.

Si je ne craignais de froisser la modestie de celui qui, dès ses premières années, a pu voir les plus nobles vertus assises au foyer domestique..... Mais à quoi bon ? je ne ferais que répéter la liste des nombreux actes de bienfaisance qui sont connus de tous.

Héritier d'un nom qui pour nous signifie labeur incessant et libéralité discrète et inépuisable, nous le voyons chaque jour à notre tête, continuer sans relâche l'œuvre si bien commencée par son père.

Au lendemain de la plus épouvantable catastrophe, qui a failli faire sombrer la fortune de la France, quand nous voyons les plus belles intelligences préoccupées de l'avenir des classes déshéritées, propager leurs théories plus ou moins réalisables, quand nous voyons le travailleur, l'ouvrier soucieux de l'avenir, prélever sur son salaire quotidien la modeste épargne qu'il verse dans une caisse commune, espérant se procurer contre les rigueurs de la vieillesse un secours parfois, hélas ! insuffisant, nous devons, nous, être heureux et fiers de pouvoir proclamer bien haut qu'un homme s'est trouvé qui, depuis bien longtemps déjà, ne s'inspirant que du génie pratique de son père, n'écoutant que son cœur, sans bruit, surmontant les déboires qu'il rencontre, se fait un devoir de conformer ses actes aux sages théories qu'il soutient chaque jour dans son Journal; que cet homme met religieusement en pratique les principes glorieux qui sont la base de notre société moderne, la Fraternité, l'Egalité, la Solidarité, en associant ses coopérateurs à une partie de ses bénéfices, en les soutenant dans les jours de chômage et de maladie, en leur assurant une retraite dans leur vieillesse. Grâce à son Libéralisme, je dirais mieux à sa Libéralité, quand les forces viennent trahir la bonne volonté, le courage des ouvriers de la première heure, nous avons encore le plaisir de voir chaque jour nos anciens ; leur place est toujours là, on élargit le cercle, et l'on ne compte que de nouveaux membres dans la famille.

Je m'arrête. Tant de bienfaits nous imposent de graves devoirs, de nombreuses obligations; ne les perdons jamais de vue, et chaque jour redoublons d'ardeur pour nous en montrer de plus en plus dignes. Unissons nos efforts, maintenons parmi nous la bonne harmonie.

Je vous propose donc, et je suis assuré d'être l'interprète de votre vœu le plus sincère, je vous propose de vous unir à moi pour porter la santé de M. et Mme Brière.

Maintenant un devoir bien doux me reste à remplir, c'est celui d'offrir à notre vénérée doyenne, Mme Louise Barat, ce modeste témoignage d'estime de tout le personnel du *Journal de Rouen*.

Puisse-t-elle trouver au fond de cette coupe une inaltérable santé !

Des marques multipliées d'approbation et des acclamations très vives accompagnent l'orateur du commencement à la fin, surtout au moment où M. Potel remet, au nom de tous, à Mme Louise Barat, l'objet d'orfèvrerie revêtu de l'inscription suivante, attestant l'origine de ce précieux souvenir :

A Mme LOUISE BARAT
TÉMOIGNAGE D'ESTIME ET D'AMITIÉ
DU PERSONNEL DU JOURNAL DE ROUEN

BANQUET DU 22 JANVIER 1882
POUR CÉLÉBRER SES CINQUANTE ANNÉES DE SERVICES

M. Léon Brière reprend la parole :

MON CHER POTEL,

Il y a deux jours, vous êtes venu dans mon cabinet et vous m'avez dit : « C'est moi qui dimanche parlerai au nom des Ateliers du Journal, je ne serais pas fâché de vous faire connaître ce que je compte dire. » Je vous ai immédiatement répondu : « Allons donc ! Mais je vous ai vu trop souvent à l'œuvre pour n'avoir pas en vous une confiance absolue ; vous vous acquittez toujours à merveille des missions de ce genre, je refuse de lire à l'avance, ne fût-ce que le premier mot de ce que vous avez écrit. » Or, en ce moment, mon cher Potel, je m'aperçois tardivement que j'ai commis une véritable imprudence. Si j'avais eu connaissance des éloges exagérés que vous comptiez faire de moi, j'aurais singulièrement raturé votre épreuve (M. Potel interrompant : « Je n'aurais pas fait vos corrections. » — Rire général), car dans toute ma conduite j'ai tout simplement suivi une tradition de ma famille.

On a dit que les fils sont presque toujours ce que leur mère les fait. Comme cela est vrai ! Eh bien ! dans ma vie, ma mère vénérée n'a pas été la seule à m'apprendre qu'il faut toujours penser à ceux qui sont moins heureux que nous. J'ai eu un double bonheur. Jamais je n'ai vu mon père et ma mère plus unis que lorsqu'il s'agissait d'une infortune à secourir, d'un peu de bien à faire. Je m'efforce donc de les imiter, voilà tout. Et sachez-le bien : il n'est pas, pour moi, de joie plus douce que de pouvoir me dire de temps à autre : s'Ils étaient encore là, Ils me diraient : « Mon fils, c'est bien ! »

Revendiquant l'honneur de porter la santé de Mme Léon Brière, M. Eugène Noël, Rédacteur du *Journal de Rouen*, s'exprime ainsi :

MESSIEURS,

A notre banquet de 1878, vous m'avez attribué le privilége charmant de porter un toast à Mme Brière ; ce privilége, je tiens à le consacrer et je demande que le privilége se change pour moi désormais en droit et que l'emploi devienne inamovible ; je n'aurai qu'ainsi toute mon indépendance, et vous allez voir que j'en ai besoin.

Nous avons entendu tout-à-l'heure l'éloge de M. Brière ; je n'y contredis pas et viens d'y applaudir ; mais...

Oui, Messieurs, il y a un *mais* à ces éloges ; je demande à M. Brière lui-même la permission d'en rabattre, de ne pas tout réserver à lui seul et de faire à chacun sa part équitable.

En tout homme de cœur, — regardez-y bien, — vous trouverez toujours, ou presque toujours, influence de mère, influence d'épouse.

En aucun de nous la chose n'est plus manifeste qu'en M. Léon Brière, et, pour moi, je salue toujours avec lui deux personnes que je sens immuablement assises au fond de son cœur.

Je pouvais, il y a quatre ans, parler de l'une et de l'autre ; je ne parlerai aujourd'hui que de Mme Marguerite Brière...

Eh bien ! Messieurs, n'est-il pas de stricte loyauté qu'en témoignage d'estime au mari, la femme ait sa large et très large part ?

S'il est vrai qu'en tout homme c'est le vouloir d'une femme qui se manifeste, n'applaudirez-vous pas tous à la pensée de reprendre pour Mme Marguerite, une part des éloges adressés à M. Léon ?

Nous sommes tous, même à notre insu, l'œuvre de nos

mères et de nos femmes ; sachons donc, en toute circonstance, rendre justice à ces chères fabricatrices de nos âmes !

Buvons, mes amis, buvons à Mme Marguerite Brière !

L'Assemblée applaudit tout entière aux délicates pensées exprimées par M. Noël, et la parole est donnée à M. Tony Visinet, qui s'adresse, avec émotion, à M. Léon Brière dans les termes suivants :

MON CHER LÉON,

Lorsque, il y a quelques jours, tu as bien voulu m'inviter à me trouver à cette fête de famille, qui réunit dans une occasion aussi solennelle que celle du cinquantenaire de l'entrée au journal de Mme Louise Barat, non seulement le personnel de l'Imprimerie, mais encore le Bureau de la Chambre syndicale des Imprimeurs, Libraires et Papetiers, ainsi que les doyens des journaux et des principales imprimeries de la ville, tu sais combien j'ai été heureux d'accepter ton invitation.

J'étais encore, il y a quatre jours, au fond de l'Ecosse, et je suis revenu en France pour ne pas laisser échapper l'occasion de me retrouver au milieu de ceux auprès desquels la mémoire de mon vénéré père est restée vivante, au *Journal de Rouen*. Bien que, hélas ! il y ait déjà plus de vingt-quatre ans qu'il n'existe plus, tu as voulu encore, pour la circonstance, affirmer, en demandant au fils de M. Visinet de venir ici, affirmer, dis-je, une fois de plus les liens de vieille amitié qui unissent nos deux familles, et je t'en remercie de tout mon cœur.

Vous célébrez tous ici, Messieurs, le cinquantenaire d'entrée au *Journal de Rouen* d'une ouvrière modeste et modèle, Mme Barat. Dans sa famille, il y a eu aussi un bel exemple de long séjour dans la maison : c'est celui de son frère aîné, qui, entré dans l'Imprimerie du Journal en 1814, y est resté à sa casse jusqu'à sa mort, survenue il y a quelques années. Ce sont là des faits bien rares et qui font honneur à la fois à celle qui est l'héroïne de cette réunion, ainsi qu'au patron et ami respecté que nous chérissons tous.

Quant à moi, faisant un retour douloureux sur ce qui aurait pu aussi se produire si j'avais eu le bonheur de conserver celui que j'aimais tant, je pense que nous aurions pu également célébrer son cinquantenaire au Journal.

En 1827, mon père entrait au *Journal de Rouen*. Pendant trente ans, jusqu'à sa mort, arrivée en 1857, il n'a cessé d'y collaborer avec son vieil ami, M. Brière père, dont la fermeté de principes et les hautes qualités administratives ont tant contribué à la prospérité de la maison. Mon père a eu au Journal de dignes successeurs : d'abord, le regretté M. Cazavan ; puis, plus récemment, notre bon ami Beuzeville.

Quand je dis récemment, Messieurs, je vois comme un sourire effleurer vos lèvres, car ce mot n'est pas de circonstance, lorsqu'on se rappelle que c'est en 1840, soit il y a quarante-deux ans, que M. Beuzeville est entré au Journal. Vous savez tous combien il a tenu vaillamment la plume, jusqu'à ce qu'il ait pu jouir, l'année dernière, d'un repos bien gagné.

Vous avez tous bien voulu reporter sur le fils de M. Visinet l'amitié que vous témoigniez à son père, et je vous en remercie sincèrement en cette occasion solennelle, où je suis heureux et fier tout à la fois de voir revivre parmi vous sa mémoire vénérée.

Permettez-moi donc, Messieurs, comme vieil ami de la famille Brière, de porter un toast à la prospérité du *Journal de Rouen*, celle de mon bon et vieil ami Brière, en y joignant tout spécialement celle de sa chère compagne, si digne à tous égards d'être unie à lui et que l'on est toujours certain de rencontrer au premier rang, lorsqu'il s'agit d'une bonne œuvre à faire.

Enfin, permettez-moi de donner un mot de souvenir à M. et Mme Brière, trop tôt enlevés à notre affection.

De nouveau, mon cher Léon, à toi merci pour m'avoir invité à me trouver à cette réunion de famille, à laquelle j'ai été si heureux de venir de bien loin.

M. Léon Brière répond :

MON CHER TONY,

En dépit du vieux dicton, la distance ne sépare pas deux cœurs amis, tu as voulu venir au milieu de nous, et nous t'en remercions ; mais sois bien sûr que ta présence n'était pas nécessaire aujourd'hui pour que notre pensée se reportât vers ton père, ce cher Collaborateur de la première heure. Toutes les fois qu'il y a une fête au *Journal de Rouen*, le nom de Visinet y est prononcé avec affection et reconnaissance.

Pour clore la série des toasts, M. Robert, ouvrier Typographe et Membre du Conseil Municipal de Rouen, improvise l'allocution que voici, allocution toute de circonstance et bien placée en une fête de travail :

MESDAMES ET MESSIEURS,

Il y a quelques jours, M. Léon Brière, voulant caractériser la réunion à laquelle il nous conviait, la qualifiait de *Fête du Travail*.

C'est qu'en effet c'est bien une Fête du Travail, celle donnée en l'honneur de notre Doyenne, qui a derrière elle un passé de cinquante années employées à l'accomplissement de la plus rude et en même temps de la plus modeste des tâches ;

C'est bien une véritable fête du travail, celle qui réunit dans ces agapes fraternelles, et suivant l'heureuse inspiration de leur chef, tous les collaborateurs dévoués à la même œuvre : ouvriers de la pensée, de la plume et de l'outil, et où sont également appelés à participer des représentants, patrons et ouvriers, des diverses imprimeries de notre ville.

Eh bien! ce titre de Fête du Travail, que je viens de rappeler, m'autorise à joindre aux toasts personnels qui viennent d'être si sincèrement portés et si chaleureusement applaudis, un dernier toast qui, passant au-dessus de nous, s'adressera directement à ce monde du travail, auquel, tous ici, nous sommes fiers d'appartenir ;

A ce monde du travail, qui, semblable aux abeilles de la ruche, répare toujours presque seul, patiemment et sûrement, les désastres, si grands qu'ils soient, qui frappent la patrie ;

A ce monde du travail enfin, qui, parallèlement à un autre monde où s'agitent tant et tant de passions, produit, fructifie, épargne même, et suit courageusement sa route, sans s'inquiéter des aspérités du sol, des ronces du chemin, et surtout sans désespérer jamais.

Mesdames et Messieurs,

Je bois à la prospérité, à la concorde et à la paix dans le monde du travail, — c'est-à-dire : Je bois à l'alliance patronale et ouvrière, alliance qui, pour être durable et féconde, doit nécessairement reposer sur la reconnaissance et le respect réciproques des droits et des devoirs de chacun !

Je bois aussi aux honorables représentants, patrons et ouvriers, qui, sur la gracieuse et la cordiale invitation de Mme et de M. Léon Brière, sont venus prendre place parmi nous !

L'Assemblée applaudit chaleureusement les paroles de M. Robert : son langage a évidemment exprimé la pensée de tous.

La fête s'achève ensuite, cordiale et charmante, chacun ressentant tout le prix de cette union et comprenant la signification de cette belle et touchante réunion.

Une quête faite par Mme Léon Brière, accompagnée de M. Morin, produit une somme de 236 fr. 25 à verser ultérieurement entre les mains de M. le Maire de Rouen, au profit des pauvres de la Ville.

INVITÉS AU BANQUET

MM.

MÉGARD, Président
DESHAYS, Vice-Président
LANGLOIS, —
LECERF, Secrétaire-Archiviste
REARD, Trésorier
} de la Chambre syndicale des Imprimeurs, Libraires et Papetiers de la Ville de Rouen.

LEPREVOST, Doyen du *Nouvelliste de Rouen*.
LAYER, — du *Petit Rouennais*.
PLANTEROSE, — de la *Gazette de Normandie*.
MARLIÈRE, — de la *Chronique de Rouen*.
NIEL, Doyen de l'Imprimerie Mégard.
HARDY, — — Lecerf.
YVONNET, — — Cagniard.
SURVILLE, — — Deshays.

PERSONNEL DU JOURNAL DE ROUEN

MM.
- 1840. Beuzeville, gérant.
- 1870.*Fabert, rédacteur.
- 1861. Eug. Noel, —
- 1881. Maisonneufve, —
- 1879. Cabot, —
- 1857. A. Darcel, collaborateur.
- 1881. Pinchon, —
- 1840. Aillaud, —
- 1851. Glin, —
- 1879. Cloüet, —
- 1880. Raoul Aubé, —
- Tony Visinet, —
- 1854. Lespine, administrateur.
- 1861. Martinais, caissier.
- 1873. Kronberg, comptable.
- 1877. Bédouin, employé.
- 1871. Chevalier, —
- 1878. Laverdure, —

MM.
- 1848. Potel, prote.
- 1878. Duchemin, correcteur.
- 1879. Jumeau, —
- 1833.*E. Delisle, compositeur.
- 1869. Chardon, —
- 1872. E. Autain, —
- 1852. G. Robert, —
- 1845. Gueroult père, —
- 1836. Georges Morlot, —
- 1846.*Geffosse, —
- 1853. Doriot, —
- 1847. Adolphe Morin, —
- 1849. Lefranc, —
- 1854. Legrand, —
- 1869. Ridel, —
- 1871. Gravé, —
- 1873. Schneider, —
- 1875. Gosselin, —

1868.* Eug. Morin, compositeur.
1869. Touflet, —
1856.* Hüe, —
1869.* Clavaud, —
1880. Emile Morin, —
1881. Eliot, —
1881. Planterose, remplaçant.
1881. Ossent, —
1881. Cuiret, —
1869. Capron, —
1877. Em. Gueroult, apprenti.
1880. Joly, —
1856. Delapille, imprimeur.
1869.* Hurard, —
1879. Milet, —
1877. Lepoittevin, conducteur.
1880. Renard, aide.
1876. Jourdaine, chauffeur.
1870. Thion, margeur.
1870. Guillard (mad.), margeuse
1875. Aubin (mad.), —
1875. Forest (mad.), —
1877. Lemoine, receveur.
1845.* Delestre, —
1878. Naguet (mad.), —
1880. P. Lemoine, surveillant.

1865. Guilmard, chef des dép^{ts}.
1878. Emile Delisle, sous-chef.
1869.* Follet (mad.), colleuse.
1878. Vérel (mad.), —
1878. Legrand (mad.), —
1831. Barat (mad.), factrice.
1861. Dufour, facteur.
1869.* Defontaine, —
1875. Lemonnier, —
1876. Lemoine, —
1876. Bazire, —
1877. Das, —
1877. Bouteiller, —
1877. Vardon, —
1878. Legros, —
1881. Lebay, —
1881. Fortier, —
1880. Noël (mad.), remplaçante
1881. Aubé (mad.), —
1881. Tiberge (mad.), —
1881. Lange (mad.), —
1849. Louis Morin, papetier.
1879. Duboc, coursier.
1882. Dumaine, —
Rivière (mad.), afficheuse.
N. Morin, afficheur.

Rouen. — Imp. de Léon BRIÈRE.

www.ingramcontent.com/pod-product-compliance
Lightning Source LLC
Chambersburg PA
CBHW060457050426
42451CB00014B/3364